문학과지성 시인선 411

내가 원하는 천사

허 연 시집

문학과지성사

문학과지성사에서 펴낸 허연의 시집

오십 미터(2016)
당신은 언제 노래가 되지(2020)
작약과 공터(2025)

문학과지성 시인선 411
내가 원하는 천사

초판 1쇄 발행 2012년 5월 4일
초판 11쇄 발행 2025년 10월 27일

지 은 이 허연
펴 낸 이 이광호
펴 낸 곳 ㈜문학과지성사
등록번호 제1993-000098호
주   소 04034 서울 마포구 잔다리로7길 18(서교동 377-20)
전   화 02)338-7224
팩   스 02)323-4180(편집) 02)338-7221(영업)
전자우편 moonji@moonji.com
홈페이지 www.moonji.com

ⓒ 허연, 2012. Printed in Seoul, Korea

ISBN 978-89-320-2300-7 03810

이 책의 판권은 지은이와 ㈜문학과지성사에 있습니다.
양측의 서면 동의 없는 무단 전재 및 복제를 금합니다.

문학과지성 시인선 411
내가 원하는 천사

허연

2012

시인의 말

아름다운 선(線) 하나에
고개 숙이는 날이 있다

2012년 5월
허연

내가 원하는 천사

차례

시인의 말

마지막 무개화차　7
새들이 북회귀선을 날아간다　8
삽화　9
나의 마다가스카르 1　10
P는 내일 태어나지 않는다　12
신전에 날이 저문다　14
몰락의 아름다움　16
늦은 부고 2　17
후회에 대해 적다　18
나의 마다가스카르 3　20
話者　22
안달루시아의 무희　24
여가수　25
미이라 2　26
건기(乾期) 1　29
다큐멘터리를 보다 2　30
내가 원하는 천사　32
빙하의 연대기　35
빗살무늬토기에서 흐르는 눈물　36

증기, 혹은 죽음	38
어떤 방의 전설	40
자라지 않는 나무	41
낯선 막차	42
바람의 배경	43
고양이와 별똥	44
열반의 놀이동산	46
건기(乾期) 2	48
아나키스트	49
까마귀의 영역	52
역류성 식도염	53
신전 3	54
소립자 2	57
좌표 평면	58
전철은 하수다	60
군중	61
어떤 아름다움	62
사선의 빛	64
폐광	66
로맨틱 홀리데이	68
지독한 슬픔	69
소혹성의 나날들 2	70
둥지에서 떨어진 새	72
보리밭을 흔드는 바람	74
12	75
사라져가는 것들을 위한 나라는 없다	76

Cold Case 77
지하 도시 78
지리멸렬 80
아침 신파 81
천국은 없다 82
패배 83
시정잡배의 사랑 84
편지 86
무념무상 2 88
뭉크의 돼지 89
미이라 90
덧칠 92
무념무상 1 93
계급의 목적 94
사랑詩 1 95
산맥, 시호테알렌 96
나의 마다가스카르 2 97
얼음의 온도 98
別於曲 99

해설|남겨진 것들을 위한 시는 있다 · 김나영 100

마지막 무개화차

 남자는 사랑이 식는 걸 두고 볼 수 없었다. 신전 기둥에 모든 새들의 머리가 자신의 사랑을 경배하도록 새겨놓았다. 지혜롭다는 새들의 머리는 수천 년 동안 욕망을 마주했지만, 세월이 그것보다 먼저 욕망을 반박했다. 남자는 울부짖었지만 여자는 사하라의 먼지가 되어갔다. 파이터였던 남자는 더 많은 기둥을 세우다 미쳤고, 서풍을 따라 어디론가 사라져버렸다.

 폐허의 불문율이 있다. 묻어버린 그 어떤 것도 파내지 말 것. 폐허 사이로 석양이 물처럼 흐를 때 속수무책으로 돌아올 것

 오늘 밤 모래바람이 등고선을 바꾸고
 사막여우 한 마리가
 사람들이 버리고 간 콜라 병을 핥는다

 살아 있는 자들은
 인생을 생각하는 내내 힘이 빠진다.
 마지막 무개화차가 지나간다.

새들이 북회귀선을 날아간다

 자기 삶의 마지막을 관찰하는 자들이 초원에 있다. 통증이 심하다는 신호를 가장 믿을 수 있는 암컷에게 보내며 죽어가는 자들이 있다. 누구는 건기가 그를 죽였다고 말하고, 누구는 지난밤 무리에서 일어났던 내분이 그를 죽게 했다고 말한다.

 반쯤 뜨개질한 스웨터를 훌훌 풀어버리듯 수십 미터짜리 내장은 색실처럼 풀려 나온다. 색실이 풀려 나오는 걸 보며 그는 등이 아프다고 문자를 보낸다. 등만 아프지 않으면 살 것 같다고, 한 번만 돌아눕게 해달라고. 이 초원에서 신념 따위를 가진 자들은 없다. 돌아눕는 일보다 쉬운 일은 누구도 입에 올리지 않는다.

 그가 남긴 복제품들은 오늘도 이 장례 습관에 익숙해진다. 강렬하고 조용한 저녁에 후회란 없다. 초원에서 죽음은 객관적이다. 세상이 몹시 좋았다고 짹짹대는 새들이 북회귀선을 날아간다.

삽화

알약들처럼 빗방울이 성긴 저녁. 용케 젖지 않은 자들의 안도 속에 하루가 접히고 있었다.

퇴근 무렵. 아버지가 당신의 결혼사진을 들고 찾아왔다. 자꾸 빛이 바랜다며 어떻게 할 수 없겠냐고 비닐봉지에 싸 온 사진을 내밀었다.

사진 속 어머니의 드레스는 이제 완벽한 황토색이다. 친일파와 빨갱이 집안의 결합. 하객보다 기관원이 더 많았다는 집안 내력을 생각하며, 곁눈질로 사진을 보며, 나는 꼬리곰탕을 후후 불었다.

속으론 "살아 계실 때 잘 좀 하시지"라고 투덜댔지만, 반주까지 걸친 다혈질의 아버지에게 그 말은 차마 꺼내지 못했다.

비는 다음 날에도 계속됐고, 나는 비닐에 싸인 빛바랜 사진을 옆구리에 끼고 충무로 골목길을 헤맸다.

오늘도 뭔가 포기하지 않은 새들만 비를 맞는다.

나의 마다가스카르 1
─ 세월 하나 지나갔다

별자리가 천천히 회전을 하는 동안
우기가 뼛속까지 스며드는 동안

마다가스카르 항구에선
이해하지 못했던 노래가 가슴을 치고
사랑 하나, 서서히 별똥으로 떨어진다

나는 투항했던가
감당 안 되는 빗물이 길을 막아버린 오늘
나는 마다가스카르에 투항했는가

젖은 그물에 엉켜 죽어가는 펠리컨을 보며
비틀스의 해산을 떠올렸다

항구에서의 세월
나의 마다가스카르에선 세월과 친해질 수 없다

오늘 또

뼈만 남은 노인이 폐지를 실은 리어카를 끌고
들짐승처럼 소리 없이 등 뒤를 지나갔다

마다가스카르의 어느 날
세월 같은 게 하나 지나갔다

P는 내일 태어나지 않는다

과거,
그 자유롭던 일몰.

교활한 미래를 내던지며
우주의 가호가 있기를.
신은 떠났고
신은 또 울었다.

기둥을 세우고 기둥에 과거를 적어놓은 자
그자를 경배한다.
내일 부를 노래는 태양력의 한마디에 남아
P를 따라오지 않았다.
P는 거의 지쳤고
P는 내일 다시 태어나지 않는다.
세상이 사라진다.
말더듬이로 살아갈 날조차 남지 않는다.
P는 과거로,
아름다운 사막으로 가고 있다.

실패한 호르몬은 과거를 향한다.

과거만이 죽지 않았다.
익숙한 심장 소리를 내며
과거 몇 개가 행진해 온다.
과거는 가장 자유로운 것들을 운반하고

그때 만나는
씨앗 하나 뿌리지 못하고
과거를 맞이하는 자의 환희.
사막 같은 환희.
호르몬은 늘 과거를 향한다.
내일은 죽었고 과거는 자유롭다.

신전에 날이 저문다

살면 살수록
과학자들의 말은 맞아떨어진다
영원히 살 수 없으니까 사랑을 하는 거다
따지고 보면
기껏 유전자나 남기고자 하는 일이다

비극은
피하고 싶다고 어떻게 할 수 있는 일은 아니라는 데
있다

어쨌든
기억에서조차 사라지는 게
사랑이다 보니
사람들은 무엇인가 쓰기 시작했다

신전 기둥에 남긴 사랑도
그저 기록일 뿐이다

겁내지 말라고
내가 다 기록해놨다고
죽어도 죽는 게 아니라고
남자는 외치지만
여자는 죽어간다
신전은 세워지고 있지만 여자는 여전히 죽어간다

죽어가는 여자보다
사랑을 잊지 않으려는 남자가
진화상으론 하수다

남자가 세운 신전에 날이 저문다
언젠가는 벽화도 흐려질 것이다

몰락의 아름다움

무너져버린 콘크리트 더미 사이에서 고양이들이 짝짓기를 한다. 순식간에 장르가 바뀐다. 에로다. 며칠 전까지 이곳에서 벌어졌던 중장비들의 공포는 이미 잊혔다. 족보 한 장이 이렇게 쉽게 넘어갈 수 있을까.

몰락은 사족 없이도 눈부시다. 내밀한 서사가 창자 밀려 나오듯 밀려 나와 있는 몰락은 눈부시다. 미리 약속하지 않았으므로 몰락은 눈부시다. 그리고 그 몰락의 현장에서 벌어지는 짝짓기란.

무거웠던 것들이 모두 누워버린 몰락의 한가운데서 고양이의 배 속에 담겨 날아온 씨앗들도 싹을 틔우리라. 똑바로 서 있던 벽들의 모습은 고양이들에게 더 이상 기억되지 않으리라.

늦은 부고 2

죽어가는 새들의 소식을 검은 칸막이 속에 집어넣으며
새의 잔해를, 그가 살아서 떨어뜨린 깃털을 세며
모스부호처럼 감정 없이 깃털의 독후감을 쓴다

소금 덩어리처럼 녹아내릴 가계도의 한 칸을 적는다.
부고는 늘 떠나간 새들을 찬양한다.
깃털이 눈처럼 쌓이면 살아남아 미안한 새들이
따뜻해질 수 있을까.
오늘도 부고는 깃털을 줍는다.

후회에 대해 적다

"혼자 아프니까 서럽다"는 낡은 문자를 받고, 남은 술을 벌컥이다가 덜 자란 개들의 주검이 널려 있는 추적추적한 거리를 걸었다. 위성도시 5일장은 비릿했다.

떠올려보면 세월은 더디게 갔다. 지금은 사라진 하숙촌에서 나비 떼 같은 사랑을 했었고, 누군가의 얼굴이 자동차 앞 유리창에 가득할 때도 그게 끝이라고 믿었다. 그러나. 어느 것 하나 아득해지지 않았으니 세월은 너무 더디다.

이제 어떡해야 하는 거지

아득해지지 않을 거라는 걸 알면서 스스로 가해자가 되어 문자로 답을 보냈다. 지금에 와서 나를 울린 건 사랑이 아니라 누군가의 삶이었을 뿐. 그 이상은 생각하지 않았다.

사람들은 비를 피해 은하열차처럼 환한 전철 속으

로 뛰어들었고. 나는 "불행하다"고 생각하며 바짓단이 다 젖도록 거리에 서 있었다.

나의 마다가스카르 3

그날, 동네 하천이 넘쳤을 때. 어머니는 사람들 만류를 뿌리치고 무릎까지 잠긴 집에 들어가 아들이 아끼던 수동 타자기를 들고 나왔다. 난 그날 번지점프를 하러 갔다.

전화기 너머에서 어머니가 물었다. "바오로니 베드로니?" 난 대답했다. "아니오 예수입니다." 난 그날 마다가스카르로 갔다.

어머니가 돌아가신 날 육개장을 퍼먹으며 나는 나의 이중성에 치를 떨거나 하진 않았다. 난 그날 야간 비행을 하러 갔다.

나의 소혹성에서 그런 날들은 다른 날과 같았다. 난 알고 있었던 것이다. 생은 그저 가끔씩 끔찍하고, 아주 자주 평범하다는 것을.

소혹성의 부족들은 부재를 통해 자신의 예외적 가

치를 보여준다. 살아남은 부족들은 시간을 기억하는 행위를 통해서만 슬퍼진다. 어머니. 나의 슬픈 마다가스카르.

話者

 던져주는 먹이를 붙잡고 전투적으로 배를 불린 동물원 사자의 허탈한 눈빛을 오랫동안 들여다본 적이 있다. 혼자서 자장면 곱빼기 한 그릇을 순식간에 비우고 그 자리에 한참을 멍하니 앉아 있던 노인을 본 적이 있다. 바로 그 침묵의 순간, 사자와 노인은 방금 전 끝난 욕망에 대해 책임을 지고 있는 것이다. 스스로가 화자(話者)가 되어 스스로를 설득하고 있는 것이다.

 내가 내 욕망의 화자가 되어야 하는 건 지나친 형벌이다.

 욕망이 침묵으로 변하는 순간이 있다. 밥을 먹고 나서 문득 밥이 객관화될 때, 사랑이 몇 번의 호르몬 변화와 싸움질로 객관화될 때. 욕망이 남긴 책임이 나를 불러 세우는 순간이 온다.

 숙연하게 눈을 내리깔고 있는 저 여자도 두 시간쯤

전에 시리얼로 밥을 먹었을 것이고, 열 시간쯤 전에는 사랑을 했을 것이다. 그녀는 지금 조용히 책임을 지고 있는 것이다.

안달루시아의 무희

  태양이 눈물을 낳는 곳이 있다. 태양이 말을 만들고 태양이 노래를 만든다. 어젯밤을 기억하냐며 넌 이방인들에게 손가락질을 해댔다. 동굴 속에는 백열등이 켜 있었고. 뜨거운 피가 전깃줄을 타고 흐르는 소리가 들렸다. 묵직한 구두로 마룻바닥을 울리는 삶이, 치맛단을 날리는 삶이 가깝고도 멀었다. 양피지에 쓰여진 고전 같은 여자. 아무리 죽여도 다시 살아날 것 같은 여자. 이 춤추고 그 자리에서 죽을 듯, 검은 눈에선 오늘 낮에 본 태양이 빛났다.

  안녕 무희.
  석회동굴에서 반짝이는 은화. 내일은 더 뜨거운 태양이 이 민둥산 위에 떠오르기를.

여가수

 빨래집게로 집어놓은 자국 같은 쌍꺼풀이 욱신거릴 때마다 그녀의 인생이 고음으로 환하다. 상처 많은 자들만이 절감하는 고음. 벗겨진 칠 속으로 언뜻언뜻 나무판자가 드러나 보이는 무대. 그 위에 선 어떤 인생. 망해가는 소도시. 그녀는 동대문산 반짝이로 처진 살 몇 점 숨긴 채 실존보다 무거운 생을 노래한다. 이렇게 되어버린 인생은 원래 이렇게 되게끔 정해져 있었다는 듯. 그녀의 고음은 선을 넘는다. 예쁜 척해야 하는 나이를 넘어섰고, 이름을 얻겠다는 미망을 넘었고, 출산할 수 있는 나이를 넘어선…… 어느 것도 되돌릴 수 없는 여가수. 그녀와 관계된 몇 개의 이별과 나를 울린 몇 개의 이별이 범벅이 된 노래를 나는 듣는다. 시끌벅적한 회식 인파 사이에서 나는 듣는다. 슬퍼진 것들은 이미 슬픈 것이었음을.

미이라 2

스쳐 지나가는
어떤 한 눈빛을 본다.

첫 자음을
발음하다 말고
그는 죽었다.
평소와는 반대로 꺾인 다리가
변덕스러웠던 기후를 증거한다.

그의
오그라든 성기가
그 집단 짝짓기의 증거가
오래 사는 병에 걸린 우리들에게
위대한 세기가 없음을
아주 빠르게 지나가는
음표처럼
생은 늘
허망했음을

생은 늘
눈이 먼 심해어 같았음을
말해준다.

도망침으로써
얻을 수 있는 것들은
원래 없었다.
아주 느린 속도로
기억은 말라가고
인광처럼
시간은 가끔 반짝였을 뿐이다.

오늘
이 소품엔
염려하는 시선조차 머물지 않는다

2천 년 전쯤
빈사의 사막엔

강이
흘렀다고 한다.

건기(乾期) 1

 가끔씩 오는 바람과 까마귀와 까마귀가 둥지를 튼 웃자란 나무는 동일한 리듬을 갖고 흔들리고 있었다. 햇볕의 방향과 그늘의 크기와 격자무늬 창살의 그림자도 동일한 리듬으로 움직이고 있었다. 한 번도 햇볕을 인정해본 적 없는 불협한 나는 방구석에 잠복해 매일 해가 넘어가는 방향을 주시하고 있었다.

 여름의 리듬에 동조하지 못했던 나는 이 여름의 복판이 한없이 궁금했다. 혼잣말도 리듬을 타고 돌아왔다. 내가 뱉은 말은 어디론가 흘러갔다가 리듬을 얻어 돌아오곤 했다. 나는 그 시절 내내 리듬에 시달리고 있었다.

다큐멘터리를 보다 2

 그가 죽었다. 아내와 아이는 그의 죽음 곁을 한 3일 맴돌았다. 그리고는 무리를 따라 소금 호수 위로 난 길을 따라 떠났다.

 소식을 듣고 독수리 떼가 몰려들 때까지 무리는 그와 함께 사냥감을 나누지 않았던 일을 아쉬워하며 웅성거렸다. 무리는 이제야 기억해낸다. 뒷다리 사이에 꼬리를 감춘 채 죽은 자가 살아야 했던 긴 시간을

 가끔은 그의 불안한 신음 소리가 들리기도 했지만 무리가 신경을 쓸 만큼은 아니었다. 그는 늘 사냥 대열 후미에 있었고, 무리의 근거지를 맴돌았으며 한 번도 반항하지 않았다.

 무리는 예의상 아내와 아이를 걱정하지만 아내는 아직 젊고, 아이는 건강했다. 사냥과 이동은 계속될 것이다.

그는 버려졌다. 그의 뼈는 소금 호수 위에 절명시로 남았다.

기다리던 우기는 올해도 오지 않았다.

내가 원하는 천사

천사를 본 사람들은
먼저
실망부터 해야 한다.

천사는 바보다.
구름보다 무겁고,
내 집게손가락의 굳은살도
해결해주지 못한다.

천사는 바보이고
천사는 있다.

천사가 있다고 믿는
나는
천사가 비천사적인 순간을
아주 오랫동안 상상해왔다.

나는 하루에도 몇 번씩

천사를 떠올린다.

본드 같은 걸로 붙여놓았을 날개가
떨어져 나가는 바람에
낭패를 당한 천사.
허우적거리다
진흙탕에 처박히는 천사.

진흙에 범벅되는 하얀 인조 깃털
그 난처한 아름다움.

아니면
야간 비행 실수로
낡은 고가도로 교각 끝에
불시착한 천사

가까스로 매달린 채
엉덩이를 내보이며

날개를 추스르는 모습이 그려진다.

아니면
비둘기 똥 가득한
중세의 첨탑 위에서
갑자기 쏟아지는 비를 맞으며
측은하게 지상을 내려다보는
그 망연자실.

내가 원하는 천사다.

빙하의 연대기
── 전쟁보다 전쟁의 성격이 나를 더 힘들게 한다*

머리맡 자명종은 음흉하게도 전부를 알고 있다. 오늘의 첫 소식은 가끔 가곤 하던 직장 앞 식당에 불이 났다는 것. 믿어지지 않아 빠른 걸음으로 찾아가본다. 전소다. 단단했던 문틀만이 괜찮았던 지나간 만찬들을 기억하고 있었다. 역시 무엇인가의 잔해는 단칼에 쓰여진 연대기다. 살면서 한 3천 번쯤 저주한 월요일. 불탄 식당 앞에서 소멸의 마지막 장을 들춰봤다.

그날 밤늦게까지 빙하 사진을 찾아보다 잠들었다. 꿈을 꿨다. 영혼은 팔리지 않았고 화를 내다가 서식지로 돌아왔다. 거의 견딜 수가 없었다.

* 조지 오웰.

빗살무늬토기에서 흐르는 눈물

한 남자가
빗살무늬 속으로 걸어 들어간다
빗살처럼 가느다란 홈집들이
비명을 지르며
세월을 참아낸다.

토기를 뒤집으면 흐르는 눈물

빗살이 가늘게 찢어놓은 세상에
내가 있다.

눈물이 난다
낡은 영사기가 삐걱대며
한없이 세월을 돌리고

가끔은
광장 서쪽에 있던 사람이
눈 깜짝할 사이에

광장 동쪽으로 옮겨 가 있기도 했다.

토기를 뒤집으면
눈물이 흘러내렸다.

증기, 혹은 죽음

꿈을 꾼 날이면
부고가 와 있었다.
누구는 아기처럼
누구는 성자처럼 죽어갔다는 소식이
와 있곤 했다.

소식의 끄트머리는
늘 희미했지만
분열적이기도 했다.

난
시를 적었다.
증기로 피어난
그 새벽의 죽음에 대해

그가 복제한
남겨진 얼굴들에 드리운
그를 반쯤 닮은

그늘에 대해

복제품들이 저지를
나머지 절반의
배신에 대해

사람들은 오늘도
죽은 자를 미화하면서
그를 배신했고
또, 안도했다.

이번 겨울에도
몇 명이 증기로 피어났고

난 증기의 시를 적었다.

어떤 방의 전설

아침마다 빨랫줄에 앉아 울고 가는 까마귀가 있었고, 마름모꼴로 생긴 방이었다. 어느 계절이었다. 세상에 나갈지 말지를 고민했다. 방에서 나오면 철제 계단이 있었다. 철제 계단을 감당하면 그다음 골목들과 간판들과 주택들. 이런 것들을 감당해야 했다.

번번히 포기했었다. 철제 계단 앞에서 돌아서곤 했다. 하루 종일 뒹굴던 작은 방에는 주술 같은 연속무늬가 있었다. 하나씩 세다 보면 무늬들은 엄청난 속도로 자기들끼리 만나고 헤어졌다. 그 방도 벅찼다.

새로 만들어진 것을 피해 내가 살았다. 미래는 서툰 권력이다. 난 방을 나가지 않았다.

자라지 않는 나무

 뭔가를 덮어놓은 두꺼운 비닐을 때리는 빗소리가 총소리처럼 뜨끔하다. 기억을 두들겨대는 소리에 홀려 빗속으로 걸어 들어간다. 빗속에 들어가 나무처럼 서 있다.

 언제나 어깨가 가장 먼저 젖는다. 남들보다 좁아서 박복한 어깨가 비를 맞는다. 금서의 첫 장을 열듯, 빗방울 하나하나를 본다. 투명 구슬처럼 반짝이며 떨어지는 물방울의 마지막 순간을 본다. 자결하면서 쏟아지는 유리구슬. 핏방울이 튀듯 투명 구슬이 튄다.

 마당 하나 가득 깨어진 구슬로 가득하다. 나는 여전히 깨어진 구슬 한가운데 서 있다. 구슬이 나를 때린다. 뼈로 들어서는 통증. 나는 뼈아프게 서 있는 나무다. 자라지 못하는 나무다.

낯선 막차

  비 오는 날 선로 위를 뱀처럼 미끄러져 들어오는 전철을 본다. 그렇구나, 한 인생들이 뱀의 아가리로 미끄러지듯 들어가는구나. 늦은 시간 막차 속 사람들은 공포에 질린 사과 알갱이다. 빠르게 제 몸을 익혀 하루를 팔고 돌아가는 사과 알갱이. 그날이 그들을 배신한다. 오늘도 사과 알갱이 하나가 선로에 몸을 던졌다는 장내 방송이 담담하다. 삭아가는 사과 알갱이.

  칙칙한 정지 화면 사이를 미끄러져 사라지는 뱀의 배 속에서 자본주의가 삭아간다. 아주 천천히. 그리고 늘 그랬듯. 뱀은 새벽이 되면 다시 익숙한 정지 화면 속으로 기어 들어온다.

  뱀은 오늘 밤 제 꼬리를 물고 있었으므로.

바람의 배경

　마을에 바람이 심하다는 건, 또 한 명이 죽었다는 소식이다. 밀밭의 밀대들이 물결처럼 일렁거렸다는 뜻이기도 하고, 언덕 위 백 년 넘은 나무 하나가 흔들리는 밀밭을 쳐다봤다는 뜻이기도 하다. 또 아이 하나가 태어났다는 뜻이기도 하다. 어김없는 일이기도 하고 아무렇지도 않은 일이기도 하다. 흙먼지 일으키며 아이들은 하루에도 몇 차례 밀밭 사이를 뛰어다닌다. 아이들도 안다. 바람을 굳이 피하지 않는 법을. 마을은 죽음과 친하고 죽음이 편하다. 죽음의 배경, 그것으로 족한 마을에 오늘도 바람이 분다.

고양이와 별똥

 저 비슷비슷한 무늬의 고양이들에게 혈통을 따질 수 있을까. 어디서 왔는지. 한 끼 식사가 전부인 고양이에게 혈통은 사치다. 근원을 궁금해하던 어느 날, 화단 구석에 잠복해 있는 길고양이를 보고 몸서리를 쳤다.

 저 화단에 체온을 잠시 남기고 떠난 것들에게 근원을 묻는 오류. 미이라에서 DNA를 찾는 오류. 핏줄에 대해 말하는 자들의 오류. 가끔씩 환희를 말하는 자들의 오류.

 죽은 새의 시체를 핥는 늙은 고양이 앞에선 모든 게 역겹다.

 어제 별똥 하나 떨어지는 걸 봤다. 별똥이 별에게 근원을 묻는가. 책임을 묻는가. 아니면 그 '똥'에 별의 기억이 남아 있는가.

있을 만한 것들이 세상에 있을 뿐. 난 이제 내 근원도, 별도, 똥도 더 이상 궁금하지 않았다.

열반의 놀이동산

스님이 된 친구에게 물었다.
"넌 결국 뭐가 되는 거지?"
친구가 대답했다.
"길에서 죽는 거지."

인공 호수 위로
비가 내렸다.

합성수지로 만든 성에서
칠이 벗겨진 공주가 웃고 있었다.
호수에 처박힐 듯
롤러코스터가 자맥질을 치고
살찐 잉어들은
롤러코스터에서
저녁거리가 떨어지기만을 기다렸다.

윤회다.
가출 소녀들이 먹다 버린

컵라면이 나뒹구는 벤치에서
우리는 디카로 사진을 찍었다.
부처도 시도
이야기하지 못한 채
무거운 시간 내내
열반의 놀이동산만
바라보고 있었다.

차에 시동이 걸리자
따라나온 친구가 합장을 했다.
바싹 마른
친구의 발에 걸려 있던
하얀 고무신.

자꾸만
길게 이어진 굵은 점선처럼
빙하를 따라가던
순록 떼가 생각이 났다.

건기(乾期) 2

 행진이 끝날 무렵 가장 슬퍼 보이던 녀석이 가장 먼저 죽었다. 하루나 이틀 그 녀석이 얼마나 좋은 녀석인지 앞다투어 말했지만 그것도 잠시 그다음으로 슬퍼 보이던 놈이 죽었고. 점점 녀석들은 지난여름처럼 죽음에 익숙해졌다.

 녀석들은 오늘따라 신이 났다. 일식이 올 것 같은 하늘 때문이다. 녀석들에게는 도통 일상이란 지루하다. 아무것도 변하지 않는 건 죄악이다. 세상은 어쨌든 소란스럽거나 평탄치 않아야 한다는 게 녀석들의 생각이다. 기대처럼 보호구역은 비옥해지지 않았지만. 초원 너머 어디에는 미친 꿈 같은 게 있다고 믿었다. 호르몬이 꾸는 꿈. 장렬하고 **빠르게** 꾸는 꿈. 녀석들은 지난여름처럼 삶에 익숙해지고 있었다.

아나키스트

우물을 들여다보는 게
두려웠던 사람들.
우물이 오염됐다고
아무리 서류를 작성해도
우물은 바뀌지 않았다.

시름시름
우물에 얼굴을 비춰 본 사람들은
우물에서
치욕을 맛보고
풍파를 읽는다.

우물은
눈물과 땀이 고인
검은 배꼽.
잡사를 비추는
생의 배꼽.

들여다본 자들은
불안에 빠진다
누구는
배꼽으로 들어갔고
누구는 나오지 못했다.

우물에서는
가끔 저음의 포유류 울음소리가
들렸지만 그걸로 끝이었다.

당국은
2급수를 유지하고 있다고 했지만
사람들은
역병에 시달렸다.

부적응의 천재가 어느 날
우물을 폭파시켰고
우물은 다시 생겼다.

그래도 사람들은
우물과 친해지지 않았다.

어떤 갈등도
농담으로 무마되지 않을 때
이미 선을 넘은 것이다.

까마귀의 영역

까마귀가 사람을 공격하는 나라에서 산 적이 있다. 봄 한철 죽을 듯 다투는 까마귀들이 이곳에서는 주인이었다.

그날 까마귀들이 빤히 보는 앞에서 사랑은 오기도 하고 가기도 했으며, 신념은 식욕만큼이나 덧없었고, 싸구려 중국 식당 만두에서는 거미 한 마리가 까마귀 눈을 피해 기어 나왔다. 까마귀에게 밉보인 선거 벽보의 남자는 점점 말라비틀어져갔고, 말문을 열 듯한 입에는 까마귀가 먹다 버린 풍선껌 하나가 붙어 있었다. 사람들은 조용히 전철역을 걸어 나와 까마귀 몰래 방뇨를 위해 골목을 찾아 들어갔으며, 몇은 복권 판매대에 줄을 섰다. 골목길 외등이 깜빡거릴 때마다 긴장한 까마귀는 경고하듯 울어댔다. 그곳의 모든 봄은 까마귀가 관리했다. 이상한 일이지만 매년 봄 그것은 자연스러웠다.

역류성 식도염

어떤 처량함이 있다. 식도를 타고 내려가는 밥 알갱이들이 한 알 한 알 조개탄처럼 느껴질 때가 있다. 자꾸 집중하다 보면 손이 움직이고, 입이 열리고, 밥 알갱이들이 어두컴컴한 통로로 쏟아져 들어가는 일이 마치 석탄을 파내서 트럭에 싣는 일 같기도 하고, 불구덩이 위에 뿌리는 일 같기도 하다. 이 동작을 반복하다 울컥하는 순간이 있다. 밥을 퍼 넣는 손이 포클레인처럼 보이는 너무나 슬픈 순간이 있다. 손에 피가 돌지 않는 그런 순간이 있다.

나의 식도는 자주 막힌다. 막힌 통로에 적당한 시간 차를 두고 뭔가를 털어 넣어야 하는 건 아주 오래된 저주다. 먹어야 사는 저주는 생의 어느 순간에서든 균일하다. 이빨 하나 남지 않은 입을 오물거리며 감당하기 힘든 크기의 수저를 빨고 있는 노인네를 볼 때마다 나는 그 입가의 조개껍질 같은 주름을 저주했다. 먹다가 생긴 주름.

신전 3

\# 1
대를 이어 신전을 지었지만
신은 찾아주지 않았다.
이번에도 약속은 지켜지지 않았다.

\# 2
결국 실패로 끝나는
길고 지루한 탈옥 영화를 봤을 때
신전을 지었던 자들이 떠올랐다.
이렇듯 인간은
어디서든 신전을 짓는다.

사는 일은
내내 뭔가를 궁구하며,
손톱깎이 같은 걸로
육중한 회벽에 구멍을 내는 일.

생선 좌판에 앉아
수십 년 동안
파리 떼를 쫓거나
어차피 지루해질 거라는 걸 알면서
살아 있는 내내
사랑을 하는 일

신전을 세우는 일이다.

3
신전은 완성되는 순간
의지를 앗아 간다
신전 근처 개들은
비참하게 짝을 짓고

신전 벽의
화려했던 색은 소멸한다.

고난은 반드시 반복된다
아주 놀라운 흔적을 남기고
반복된다.

소립자 2

　기억이라고 말하는 순간, 그 순간은 이미 낡은 것이다. 그녀의 작은 손을 감싸고 있던 줄무늬 장갑이라든지, 부시시 깨어나 받는 전화 목소리라든지, 술에 취했을 때 눈에 내려앉는 습기라든지.

　낡은 것들이 점점 많아질 때 삶은 얼마든지 분석이 가능하다. 어떤 오래된 골목길에 내가 들어섰던 시간, 그 순간의 호르몬 변화, 가로등 불빛의 밝기와 방향, 그날의 습도와 주머니 사정까지. 나를 노려보던 고양이의 불안까지.

　그 골목에서 이런 것들이 친밀감의 운동을 시작했고 나에게 수정되지 못할 기억으로 남았다. 누구는 그걸 사랑이라 했고, 누구는 그날 파열음이 들렸다고 했으며, 누구는 그날 개기일식이 있었다고 했다.

　바람이 분다. 분석해야겠다.

좌표 평면

 불화 속에는 씨앗이 있다. 내 하루는 늘 좌표 평면에서 남느냐 사라지느냐를 고민하다 끝이 난다. 나의 말은 늘 불판 같은 좌표 평면 위에 마지막으로 남겨진 딱딱해진 고깃덩이다. 탄소 알갱이다. 난 이런 날들을 아주 오래 살아왔다.

 말로 꺼내지 못한 신념들이 타들어가던 시간. 봄날은커녕 이것도 저것도 아니었던 시간. 남지도 사라지지도 못한 내 탓이라고 치자. 하여튼 타인은 내게 어울리지 않는 계급이다.

 내게 사람들의 눈을 쳐다본다는 건 깨진 도자기의 연대기를 보는 일과 같다. 며칠째 사냥에 실패한 수많은 떠돌이들의 눈 속에서 그들이 속한 부족의 금이 간 과거를 읽는다. 몰라도 그만인 그들의 입장이 오타 난 짧은 문장에 섞여 스쳐 지나간다.

 마지막 구조 신호를 들어줄 포유류는 내게 없다.

예고 없이 찾아온 열대성저기압이 내가 사는 이곳의 좌표를 일러준다. 좌표 평면에 걸터앉아 있는 외톨이. 내일은 이 땅에 황사가 몰려올 것이다.

전철은 하수다

 아무튼 인생을 찬양한다는 건 하수들이나 할 일이다. '빠지직' 소리를 내며 비를 맞고 서 있는 오래된 전차 송전선을 보고 생각했다. 인간은 가끔씩 약간의 불꽃과 함께 '빠지직' 소리를 내는 것 이상 아무것도 할 수 없다.

 들개들 어울려 흙 묻은 고깃덩어리 입에 물면 침샘에서 물이 줄줄 흐르고 그날 그들은 아주 세게 '빠지직' 소리를 낸다. 단 한 번 '빠지직' 소리를 내기 위해 근육에 힘을 모으고 폐 속에 산소를 가득 담고 기지개를 켜는 게 인생이다.

 벚꽃이 눈처럼 날리는 날 저속의 전차는 인생을 몰고 오늘도 간다. 좌우 아래위 흔들리는 게 전차가 하는 유일한 반항이다. 그 반항의 대가는 한 번의 '빠지직' 소리와 한 번의 불꽃이다. 도무지 찬양할 수가 없다.

군중

군중들이 빙하처럼 쓸려 나오는 지하철 통로를 바라보다 멀미를 했다. 태양이 떠오르면 쓸려 내려오는 밀랍 같은 황인종들을 보며 오늘도 유독 슬펐다. 많이 뛰고 말 잘 듣고. 모두 다 빙하가 가르쳐준 것이다.

화형을 당하더라도 사랑이 식는다는 걸 인정한 백인 놈들은 빙하에 갇힌 기포처럼 살지 않는다. 얼음 알갱이를 시로 쓰지 않는다. 그들이 빙하처럼 쓸려가는 곳은 축구장 아니면 나이트클럽이다.

동북아시아의 지하철 출구를 바라다보며 내가 외웠던 서양 시인들의 시들을 부인했다. 니들이 빙하 속에 갇혀버린 기포가 되어봤어?

아주 자연스럽게 외출 시간과 삶의 목표가 정해진다. 빙하를 피할 것.

난 지하철이 늘 끔찍했다. 지하철역은 그렇게 날마다 미기록종을 쏟아냈다.

어떤 아름다움

(도쿄 어느 대학 교정에서 만난, 보츠와나에서 날아온 녀석은
영양을 닮아 눈이 예뻤다.)

녀석은 카랑가 세츠와나 줄루족의 말을 다 할 수 있다고 했다. 에이즈를 감기와 비슷한 무게로 말할 줄 아는 실존주의자였던 녀석은 눈이 예뻤다. 나는 녀석을 보면서 선사시대로부터 내려온 아름다움과 그것을 둘러싸고 있는 잔혹함에 대해서 생각했다.

입국할 때 입고 온 청바지 한 벌을 떠날 때까지 입으며 녀석은 스텝을 밟듯 인정머리 없는 도시를 쏘다녔다.
가끔 실타래 같은 전철 환승구로 미끄러지듯 사라지는 녀석을 물끄러미 바라보곤 했다. 그럴 때면 녀석의 걸음걸이에 남아 있던 초원의 리듬과 전철 안내 방송이 용서하기 힘든 화음으로 들려왔다.

나는 자주 한 마리 영양이 전기 울타리에 갇혀 있는 상상을 하곤 했다.

사선의 빛

끊을 건 이제 연락밖에 없다.

비관 속에서 오히려 더 빛났던
문틈으로 삐져 들어왔던
그 사선의 빛처럼
사라져가는 것을 비추는 온정을
나는
찬양한 적이 있었다.

하지만 이제
그 빛이
너무나 차가운 살기였다는 걸 알겠다.
이미 늦어버린 것들에게
문틈으로 삐져 들어온 빛은 살기다.

갈 데까지 간 것들에게
한 줄기 빛은 조소다
소음 울리며 사라지는

놓쳐버린 막차의 뒤태를
바라보는 일만큼이나
허망한 조소다.

문득
이미 늦어버린 것들로 가득한
갈 데까지 간
그런 영화관에
가보고 싶었다.

폐광

아는 사람 몇 명
땅에 묻어본 다음
존재했던 건 전부
결국에는
지층이라는 걸 알았다.

세상의 왼쪽 가슴쯤을
관통했을 이 구멍을
걸어 들어가며
복잡한 연대기를 읽는다.

결코 위대하지 않았을 말들과
싸움과 사랑과 밥이
이 쭈글쭈글한
통로에 새겨져 있다.
그놈의 눈물은 이제껏 흐른다.

그래도, 가끔은 반짝이는 게 있다.

스스로 걸어 들어오지 않았으므로
나가는 길을 못 찾은 자들의 뼈.

로맨틱 홀리데이

달력에 나올 것 같은 집에도
슬픔은 있다.
그 집 사내는 마을 처녀의 평화로운 스커트에
몸을 뒤척이고
뒤척이던 나른함이 꿈이 되고 달력은 고뇌를 시작한다.
집을 바꾸면
고뇌도 바뀔 거라고 열망하지만
그렇게 쉽게
패배가 승리로 바뀌는 경우는 없다.
달력 속에 비가 내리고
달력 속에 눈이 내리고
욕망은 힘이 세고
욕망은 비로, 눈으로 내리고
욕망은 죽음으로 간다.
달력 속의 황소가
방울을 쩔렁거리며 집을 내려다본다.

달력 속에서는 밤이 오다 그친다.

지독한 슬픔

초코바를 빨며 지나가는 비만의 세월을 나는 안다. 그 지독한 슬픔을

버섯구름의 완벽한 구도를. 기울어진 채 녹이 슬어가는 버려진 철선의 고혹적인 빛깔을. 죽어가는 쿠르드 전사들이 불렀던 사랑 노래를. 전소된 집터에서 발견된 깨어진 변기를. 신장개업 할인 마트 앞 미친 풍선 인형을. 전나무 숲에 널려 있는 치골이 튀어나온 흰 시신들에서 느껴지던 성욕을.

오! 이미 아무것도 아니어서 쪼갤 수 없는 것들. 지독해서 측정할 수 없는 것들을.

소혹성의 나날들 2

첫얼음이 언

어느
일요일
아침

녹슨
중장비
널려 있는
재개발 구역

종주먹 쥔
볼이 튼
여자아이
하나

폐유 깡통에
걸터앉아

세월에
모이를
주고 있었다

간간이
노랫소리가
들리다
사라지곤
했다

나의 사랑 클레멘타인

둥지에서 떨어진 새

태풍이 불면
새 새끼들 몇은
둥지 밖으로 떨어졌다.
그때 죽는 게 섭리였는데
마을에서 길러졌다

꼬마들이 던져준
미꾸라지와 개구리를 먹고
새는
웃자랐다

날아야 할 때가 됐지만
비만의 새는
날지 못했다
겨드랑이가 간지러웠지만
유전자가
며칠을 두고 외쳤지만
새는

날아오르지 못했다

몇 날 며칠
단식을 시작했지만
너무 늦었고
새는 죽어갔다

하늘만 보다
뜬눈으로 죽어갔다
새는 북쪽으로 가지 못했다

나는
자꾸만 겨드랑이가 가렵다

보리밭을 흔드는 바람*

보리밭에는 언제나 바람이 불었다.
보릿대가 쓰러졌고 수백만 년이 흘렀다.

알에서 먼저 나온 형은 보수주의자가 된다. 동생은 기회를 노린다. 평등을 외치는 것이다. 하긴 동생으로 태어난 새가 둥우리에서 할 수 있는 건 혁명밖에 없다. 확률은 낮아서 대부분 실패하고 둥우리는 유지된다. 형은 눈물을 흘리며 동생을 밖으로 밀어낸다. 어수선해진 둥지를 추스르며. 바람이 없었다면, 중력이 없었다면, 알이 하나밖에 없었다면…… 형은 이유를 만든다. 수백만 년 동안

별일 아니라는 듯 새들이 하늘을 난다.

* 켄 로치 감독, 2006년작.

12[*]

   새 한 마리가 오도 가도 못하고 갇혀 있는 낡아빠진 러시아의 한구석. 수시로 정전이 되는 체스판 위에서 12명의 사도들이 죄와 벌을 말한다. 분노한 사도와 눈물을 흘리는 사도와 겁을 집어먹은 사도 들이 자기 식으로 새의 운명을 논한다. 새는 먼 데서 입에 칼을 물고 모스크바로 날아왔었다. 체스판 위에서는 교사 같은 사도와 복서 같은 사도가 대결을 벌인다. 돈을 나중에 쓰자는 사도와 지금 쓰자는 사도 들이 양보 없이 다툰다. 새는 여전히 그들의 머리 위를 날고 전등은 끊임없이 천국과 지옥을 번복했다. 체스판 위에선 누구도 행복하지 않았다. 그들도 오도 가도 못하는 새였던 적이 있었기 때문이다. 누구나 절벽 위에 서는 일이 있다. 절벽에 서본 사도들 새를 풀어주기로 결심한다. 여전히 백열등은 낡은 러시아처럼 깜빡였고.

  [*] 니키타 미할코프 감독, 2007년작.

사라져가는 것들을 위한 나라는 없다

 생에서 포기는 어떤 좌표도 읽지 않겠다는 결의다. 생은 선택된 적이 없다. 복제된 F1 완두콩들이 생에 들어온다. 엉겁결에 생에 들어서고, 생의 한가운데 놓인다. 생은 시달리거나 포기하거나 둘 중 하나다. 깨달음이 있는 것 같지만 생판 그게 어디 쉬운 일인가. 늘 피를 보면서도 결국 생에서는 X축과 Y축이 와글거린다. 이래저래 도망치는 놈은 도망치느라 생으로 숨어들고, 살아보겠다는 놈들도 생으로 걸어 들어간다. 무기력하게 좌표 평면으로 걸어 들어간다. 한 가지 매력이 있다면 생에서는 사라져가는 걸 동정하지 않는다는 것이다. 사라져가는 것들을 위한 나라는 다행스럽게 없다. 지금 이 생이 무덤이다. 생은 우리들의 무덤이다. 생무덤이다.

Cold Case

한 친구는 부처를 알고 나니까 시 같은 거 안 써도 되겠다며 시를 떠났다. 또 한 친구는 잠들어 있는 딸아이를 보니까 더 이상 황폐해지면 안 되겠다는 생각이 들었다며 시를 떠났다. 부러웠다. 난 적절한 이유를 찾지 못했다. 별자리 이름을 많이 알았거나, 목청이 좋았다면 나는 시를 버렸을 것이다. 파킨슨병에 걸린 초파리를 들여다보며 하루를 브낼 수 있었다면 시를 쓰지 않았을 것이다. 신중한 내연기관이었다면 수다스럽게 시를 쓰지 않았을지도 모른다.

하지만 난 또 시를 쓴다. 그게 가끔은 진실이다. 난, 언제나 끝까지 가지 못했다. 부처에게로 떠난 친구나, 딸아이 때문에 시를 버린 친구만이 끝까지 갔다.

미안하다. 미안하다. 내 시가 누군가의 입맛을 잃게 해서. 끝까지 가지 못해서.

지하 도시

사람들은
지하 도시를 건설했다.
얼룩진 빨래를
삶으며 삶을
이해했다.
지하 도시 사람들은 다 똑같다.
5분만 더 자고 싶고
한 숟가락 더 먹고 싶고
일하기는
죽기보다 싫다.
푹신한 양털 침대에서 일어나든
야자수에 걸린 해먹에서 일어나든
뭄바이 천막에서 일어나든
사람들은 모두 똑같다.
아침은 생태적으로 저주에 가깝다.

지하 도시는 굳건하다.
집집마다 커다란 가방이 하나씩 있다.

종종 이사에 쓰이지만
가끔씩은 생이 담긴다.

지리멸렬

늦겨울 짚 더미에 불이 붙는다. 알맹이 다 털어내고 껍데기만 남은 것들은 타닥타닥 뼈 소리를 내며 재가 되고, 겨울은 그렇게 물끄러미 먼지가 된다. 그을린 소주병 몇 개와 육포 몇 조각이 누군가가 방금 전 시키지도 않은 자기 변론을 했음을 알려준다. 짚불 앞에서 느끼는 거지만 인생에는 지리멸렬한 요소가 있다. 깔끔하게 털지 못하는 그 무엇. 질척거리는 헛소리 같은 게 있다. 가늘고 긴 인생들에게 불꽃 몇 개가 날아든다. 찬 하늘에선 눈이 내렸다. 헛소리가 다시 시작된다.

아침 신파

 아무리 생각해도 전철은 통제의 최소 단위다.

 전철 문이 닫힌다는 안내 방송이 나올 때 개구리처럼 승강장에서 널브러지는 사람이 있다. 한 달에 한두 번쯤 보는 일. 넘어진 그는 선택되지 못한다. 몇 초의 차이가 그를 내팽개친다. 그는 또 다음 열차에 도전할 것이다. 이번에는 좀 느긋하게…… 이른 아침 전철역은 아무리 생각해도 신파다. 태워달라고 사정하고, 선택받기 위해 서로 밀치고. 떠나보낸 걸 안타까워하는 신파다. 전철에 매달리는 신파다.

 언젠가
 옥상에서 내려다본
 여러 갈래로 뻗은 철길이
 먹다 버린 생선 뼈 같다는 생각을 한 적이 있었다.

천국은 없다

 사랑은 하필 지긋지긋한 날들 중에 찾아온다. 사랑을 믿는 자들. 합성섬유가 그 어떤 가죽보다 인간적이라는 걸 모르는 자들. 방을 바꾸면 고뇌도 바뀔 줄 알지만 택도 없는 소리다. 천국은 없다.

 사랑이 한때의 재능이었다는 걸 깨닫는 순간은 인간에게 아주 빨리 온다. 신념은 식고 탑은 무너진다. 무너지는 건 언제나 상상력을 넘어선다. 먼지 휘날리는 종말의 날은 생각보다 아주 짧다. 다행히 지칠 시간은 없다.

 탑의 기억이 사라질 즈음
 세상엔 새로운 날이 올 것이다.
 지긋지긋한 어떤 날이.

패배

 초월은 먼 모양이다. 전세 빼고 직장 때려치우고, 지구를 떠돈다는 유럽 어느 골목에서 만난 배낭여행가. 아웃사이더 같았던 그놈이 쑥스러운 표정으로 서울 집값이 얼마나 올랐는지 물었다. 한편 인간적이기도 했지만, 초월은 결코 안 되는 건가? 산맥 넘고 바다 건너, 사막을 넘어 나라를 바꾸고 말을 바꿔도 결국 아무것도 잠재워지지 않는 건가? 한때 세차게 타올라 얼굴을 뜨겁게 달궜던 캠프촌 도닥불에 오줌을 갈기며 해탈은 없고 이탈만 남은 새벽을 멍하니 바라봤다.

시정잡배의 사랑

시정잡배에겐 분노가 많으니 용서도 많다.
서늘한 바위 절벽에 매달려 있는 빨갛게 녹슨 철제 계단 같은 놈들.

제대로 매달리지도,
끊어져 떨어지지도 못하는 그런 사랑이나 하는 놈들.
사연 많은 놈들은 또 왜들 그런지.

소주 몇 병에 비 오는 날 육교 밑에 주저앉는 놈들.
그렁그렁한 눈물 한 번 비추고 돌아서서 침 뱉는 놈들.
그러고도 실실 웃을 수 있는 놈들.
그들만의 깨달음이 있다.
시정잡배의 깨달음.

술국 먹다 말고 울컥 누구의 얼굴이 떠오른다.
가물가물하지만 무지 아팠다. 죽을 만큼 아팠다.
그 술국에 눈물 한 방울 떨어뜨리고 또 웃는다.

잊어버리는 건 쉽지만
다시 떠오르는 건 막을 수가 없다.
그게 시정잡배의 사랑이다.

마지막으로 십팔번 딱 한 번만 부르고 죽자.

편지

적어놓은 건
반드시 벌로 돌아온다

밤새 쓴 편지를
감히 다시 볼 수 있는 자는 많지 않다
세상에 모든 편지에는 죄가 많아
인간은 밤새 적은 편지에
초라해진다

편지를 받은 모두는 십자가에 매달린다

적어놓은 것이니
세상에 남는 법
적은 자들은 늘 외롭고
벌을 받는다
적어놓은 죄, 기록한 죄
편지는 오늘도 십자가에 내걸린다.

적은 자의 하루는 슬프고
내걸린 편지는 세상의 어느
호리병 속으로 들어가
영원히 남겨진다
편지를 쓴 죄
그리움 같은 것을 적은 죄

무념무상 2

잔해를 남긴 것에 대해 후회한다. 녹물 흘러내리고 있는 오래된 도시의 교각 밑을 걸으며, 버려진 채 주저앉은 폐차 옆을 지나며 저것들도 누군가의 후회일지도 모른다는 생각을 했다.

제비집을 허물고 아버지에게 쫓겨나 처마 밑에 쪼그려 앉아 하룻밤을 보낸 적이 있었다. 감당할 수 없이 두렵고 외로웠으며, 바닥에 내팽개쳐진 빨간 제비 새끼들의 절규가 마른 봄을 관통하던 그런 밤이었다. 그날 나는 신부(神父)가 되지 않기로 결심했다. 그때 처음 '뼈아프다'는 말을 이해했고, 철든 시절까지 난 괴로웠다. 절대로 묻히거나 잊히지 않는 일은 존재했다.

알면서도 다 알면서도 잔해를 남겼다. 후회한다. 돌아가고 싶다. 내가 짓고 내가 허물었던 것들에게.

무념무상으로 살지 못했던 날들을 나는 후회한다.

뭉크의 돼지

 가끔 내 상상력 밖에 있는 괴물들이 나오는 영화를 본다. 그때마다 언젠가 나를 고민에 빠지게 했던 그 돼지가 떠오른다. 십수 년 전 돼지 파동 났을 때 그 돼지. 사료 값 안 나온다고 들에 내버려진 돼지. 들개처럼 마을을 돌아다니던 돼지. 오래 굶어 코만 돼지고 몸매는 개를 닮았던 그 돼지. 뭉크의 그림 같던 돼지. 비난받아온 돼지가 배고픈 소크라테스보다 더 깊이가 있었던 날. 아주 오랫동안 잊히지 않았던 그날이 요즘 부쩍 생각난다. 수요 공급 곡선을 이탈하면 괴물이 되는 것일까. 오늘도 여전히 돼지는 불쌍하다. 꼬리의 꼬리를 문 돼지가 땅속으로 들어간다.

미이라

야간열차 침대칸에서 마신
어젯밤 술 냄새에
진저리가 쳐졌다.

자력에서 벗어나지 못했을까
수천 년 된 미이라 사이를
오랫동안 거닐었다.

밖에는
여전히 눈도 뜰 수 없는
모래바람이 불고
움푹 꺼진 두개골과
깃대처럼 가늘고 긴 다리에는
살아 있던 것에 대한
어떤 기억도
남아 있지 않았다.

완성,

무감동의 감동
축축한 것 모두 빠져나간
냉혹한 절제.

영혼 같은 게 없어서
더 멋진
절제.

술 냄새 섞인 땀을 닦으며
모래바람 몰아치는
사라진 왕조의 길에 들어섰다.

덧칠

 덧칠하면서 사는 나이다. 낡은 목선에 켜켜이 붙어 있는 페인트의 두께에서 어떤 절지동물 사체들이 묻혀 있는 굴곡이 보인다. 기생하면서 살아온 것들, 고래와 목선을 구분하지 못했던 것들, 그 위에 덧칠된 울퉁불퉁한 굴곡들. 뜨거운 게 치밀어 올라온다. 난 오늘 덧칠을 시작했다.

 목선에 들러붙은 지독한 것들에게. 온몸이 가려워지는 그들의 생존 방식에 대해 짠물에도 살아남은 그들의 묵묵한 인내에 경배한다. 하나하나의 이름은 모른다. 하지만 진화에서 빗겨 나간 과묵함이 눈물을 핑 돌게 하는 풍경임은 분명하다. 나는 얼마나 작은가. 숨죽이며 발목을 잡는 건 자책이다. 짠물에 씻겨 나가지 않은 사체의 세월이 나의 노래이기를.

무념무상 1

 젊어서 애들 키우고, 늙어서 출가한다는 어느 나라 승려들처럼. 그 여자 젊어서 애완용 고슴도치 키우고, 늙으면 출가할 거래. 아픈 몸 이끌고, 빚에 시달리면서 새파란 애들 커피 타다 주는 그 여자. 아무도 밉지 않대. 인생은 수행이래. 면역 기능 파괴되는 병에 걸린 일본 여자 게이코. 그래도 자기는 로맨틱하게 산다고, 고슴도치 자랑하고, 맛있는 소바집 이야기도 하고.

 아침 저녁 두 시간씩 만원 전철에 시달리며 임시직으로 사는 그 여자. 인생은 수행이래. 혹시 아는지 무념무상으로 하루하루 점을 찍는 여자를. 남들 같으면 벌써 사단을 냈어도 몇 번 냈을 삶을 살면서 인생은 수행이래. 신 내린 고슴도치 같은 그 여자.

계급의 목적

 옷을 입으면서 인간은 불행해졌다. 계급이 생긴 거다. 계급은 도시에 더 많다. 계급은 커피에도 삼겹살에도 있다. 계급에 따라 신호등이 켜지고, 엘리베이터도 계급에 멈춰 선다. 계급은 준엄하다. 계급에 익숙하지 않은 사람들은 잘 닦인 구두에 짓밟힌다. 밟히면 계급에 더 빨리 취한다. 아이러니다.

 이곳에선 악마의 이름에도 계급이 매겨진다. 사람들은 계급을 얻기 위해 고향을 떠나 길 위에서 빵을 먹는다. 버스 노선을 외우고 밤마다 모텔들에 불이 훤하고 계급은 잠들지 않는다. 계급은 좋은 점이 하나 있다. 옷을 벗으면 잠시 사라진다.

사랑詩 1

걸어서 천년이 걸리는 길을 빗물에 쓸려가는 게 사랑이지.

산맥, 시호테알렌

그곳에서는 암컷 호랑이를 '그녀'라고 부른다.

도리는 숲이 가르쳐준다. 발자국만 봐도 화난 사람을 구별하는 도리. 크기와 무게를, 아름다움과 추함을 말하지 않는 도리. 해 질 녘 산에서 바람이 줄을 지어 내려오면 살아 있는 것들의 심장에 전설이 새겨진다.

지친 것들에게도 도리가 있다. 벼락 맞아 꺾인 도리, 뼈만 남은 도리. 풍경을 뼈로 완성한 도리. 같은 노래를 반복해 부르지 않는 도리.

수만 년 동안 흐른 강물의 소리도 단 한 번도 같은 적이 없었다. 밖에서 온 자가 초라하다.

나의 마다가스카르 2

 노래를 찾는 사람들 「사계」를 록 버전으로 기막히게 불렀던 친구가 마다가스카르 붉은 언덕에 만두집을 냈다. 바오밥나무가 똬리를 튼 채 처박혀 있는 언덕, 문 닫은 상점 앞에서 나는 야자 껍질을 발로 차며 바보 같은 방언을 되풀이했다.

 태평성대에 태어나지 못한 친구는 마다가스카르 붉은 언덕에 3평짜리 만두집을 열었다. 친구는 2천 년 전 자기들 부족의 노래를 불렀다. 야윈 여우원숭이 한 마리 황급히 뛰어가고, 길 건너에선 늙은 지주가 곁눈질을 하고 있었다.

 긍정이나 희망이 우리를 배신할 거라는 걸 우리는 이미 알았다. 마다가스카르에서는 그랬다. 우기가 시작됐고, 목요일이었으므로 우리의 노래는 길고 서글펐다. 백인 몇 명 웃고 있는 철제 광고판에 핏물 같은 녹물이 흘러내렸다.

얼음의 온도

얼음을 나르는 사람들은 얼음의 온도를 잘 잊고, 대장장이는 불의 온도를 잘 잊는다. 누군가에게 몰입하는 일. 얼어붙거나 불에 타는 일. 천년을 거듭해도 온도를 잊는 일. 그런 일.

別於曲

그대의 날들은 길어서 홍적세의 긴 틈새를 지나 오늘도 남아 있네. 저 아프게 날선, 서리 내리는 날. 끝도 없는 기다림은 언제까지인지.

이루지 못한 것을 기억하는 새들은 오늘도 서쪽으로 날아가고, 그대 세월에 갇혀 오지 못하는 꿈에서 간신히 깨어

덜컹대는 이번 세기의 기차 속에서 수십만 년의 그리움으로 남은 그대 어디로 실려 가는지. 실려 가는 그곳에서 그때 그 노래를 부를 수는 있는 건지

노래로 늙어갈 줄 알았다면 그 말의 무늬와 바람의 색깔과, 차가운 새벽의 냄새를 기억해놓았을 텐데

밤이 오고 또 밤이 가는데. 견디는 모든 것들은 화석이 되고 새들은 또 날고. 오늘 아침 철로변에서 그리움은 서리로 내리고. 또 그대는 견디기만 하라 하고

그대의 날들은 너무 길고 길어서.

|해설|

남겨진 것들을 위한 시는 있다

김 나 영

 이곳은 허연의 시집에 수록된 대부분의 시들을 읽은 다음이든 몇 편의 시들을 읽은 후든, 성급하게 펼쳐진 페이지일 것이다. 허연의 시를 읽기 위해서라면 시에 대해 어떠한 앞선 이해나 뒤선 해석이 필요하지 않다. 이 말은 대개의 좋은 시에 해당되는, 즉 하나의 의미로 정리하는 순간에 시는 그 의미망을 교묘히 빠져나갈 줄 안다는 식의 교언과는 좀 다른 입장에 있다. 허연의 시 역시 그렇지만, 이때의 그러함은 시라는 장르나 형식이 체득하고 있다고 믿기는 고유한 특성과는 다른 점에서 말해야 한다. 시라는 형식이기 때문이 아니라, 오히려 시 형식을 벗어난 자리에 애초대로 덩어리져 있는 이야기로서 허연의 시는 특별하다. 그러니 허연 시에 내장된 이야기를 잘 듣기 위해서는 관용이나 문법의 세공이 덧씌워진 과정을 거꾸로 추정해

그것을 벗겨내는 작업이 필요하다. 다시 말해 허연의 시 가운데 알맹이처럼 놓인 날것으로서의 이야기를 읽어내기 위해서는 우선 기존의 시적 문법을 시 속에서 발견하되, 발견한 그것을 미련 없이 지우는 일이 중요하다.

  시간의 흐름에 따라서 서술되는 이야기를 범박하게나마 서사라 한다면, 허연의 시는 시의 형식을 띤 서사로 볼 수 있다. 이것은 서사시와는 다르다. 대개 서사시가 장대하고 심오한 이야기를 전달하고 있더라도 그것의 핵심은 시의 형식을 입고 있다는 점에 있기 때문이다. 반대로 허연의 시는 시의 형식 때문에 간과될 수도 있는 이야기를, 시만이 할 수 있는 방식으로 전하려 한다. 그러기 위해서 허연의 시는 특별한 시간을 내장한다. 무릇 편편의 시가 무수한 나이테를 품고 있는 나무의 단면들처럼 여러 겹의 시간을 내장하고 있다고 한다면, 허연의 시는 그 시간의 테두리가 더욱 두드러진 편이다. 그래서 허연 시의 화자들은 돌기 같은 시간의 지층에 자주 걸려 넘어진다. 그들은 켜켜이 쌓여 오래 굳은 화석을 발견하고, 여전히 풍화가 진행 중인 사막을 지나고, 수천 년 전에 묻힌 유골을 만난다. 단순히 시간의 흐름을 증명하는 퇴적과 침식을 발견해내는 게 아니라, 그간의 굴곡들까지도 고스란히 간직하는 공간화된 시간으로서 지층의 내부와 표면을 넘나드는 화자가 있다. 이들이 유구한 인간의 생을 감내하고 감당하는 허연 시 특유의 서사를 구성하는 요소다.

더불어 허연의 시가 주목하는 것은 바람이다. 등고선이 계속해서 모양을 바꾸고, 드러났던 것이 감춰지고, 묻혀 있던 것이 밝혀지는 일에는 어김없이 바람이 관여한다. 「보리밭을 흔드는 바람」에서 바람은 "보수주의자"와 그에 반해 평등을 외치고 혁명을 추구하는 자 사이에 야기되는 갈등을 암시한다. 원래 바람이 기압 간의 차이로 발생하는 것처럼, 더 강한 자가 약한 자를 그들의 세계에서 밀어내 버리는 일이 "수백만 년"동안 "별일 아니라는 듯" 있어왔다고, 이 시는 그런 이야기를 풍문처럼 가볍고도 무겁게 전한다. "보리밭에는 언제나 바람이 불었다"는 아무렇지도 않은 진술은, 그리하여 일종의 고발이자 증언이 된다. 허연의 시에서 바람은 보리를 흔들고 모래를 쓸어내리는 일에 그치지 않고, 보릿대를 쓰러뜨리고 한 사람의 처지를 예고 없이 뒤바꿔버려서("예고 없이 찾아온 열대성저기압이 내가 사는 이곳의 좌표를 일러준다") 세계와 불화하는 허약한 개인을 더욱더 세계의 가장자리로 밀어내고 고립시킨다("좌표 평면에 걸터앉아 있는 외톨이", 「좌표 평면」).

오랫동안 인간은 그 자체로 존재하기 위해 이야기를 필요로 해왔다. 자신을 보존하고 자기 존재를 증명하기 위해서 인간은 이야기를 만들고 전해왔다. 그것이 서사의 일이고, 인간 역사의 일이라는 것을 허연의 시는 별일 아니라는 듯이 담담한 진술로 보여준다. 허연의 많은 시가 일상의 관찰과 그로 인한 속내를 진솔하게 펼쳐 보이는 이유는,

어떤 삶을 반추하거나 기획하기보다는 잊지 않고 이야기를 하는 일이 하나의 삶을 값지게 이어가는 일이라는 것을 보여주기 위해서다. 그 일이 시로써 이뤄질 때 그것은 "말의 무늬와 바람의 색깔과, 차가운 새벽의 냄새를 기억"하는 일만큼 사소한 것처럼 보일 테지만, 그것은 또한 "노래로 늙어"(「別於曲」)가는 일처럼 사소하지만은 않은 것일 테다.

1

신학과 과학의 대립까지 거론하지 않고서도, 진화에 대한 이해는 거의 상식적인 수준이 되어버렸다. 때문에 그것이 문학의 장르 속에 들어왔을 때는 보편적인 비유로서 다뤄질 수밖에 없어 보였다. 그럼에도 허연의 시에서 거듭 언급되는 진화는 단순한 비유, 즉 과학의 용어를 빌려와서 엄연한 세계를 모방하고 재현하는 일과는 무연해 보인다. 허연의 시는, 무릇 시가 하는 일이 그러하듯 '진화'라고 쓰이고 펼쳐지는 의미의 세계를 철거하고 새로이 구축한다. 시간의 흐름에 따라 그것에서 이것을 거쳐 다른 것으로 나아가는 메커니즘을 갖되, 원숭이에서 인간으로처럼 하나에서 다른 것으로의 변모하는 방향을 지우고, 포유류의 화석 같은 사라져가는 모든 것에 진화의 이름을 붙인다. 그러니 살아서 그들의 사랑을 기록하는 남자가 죽어가는 여자보다 "진화상으론 하수"일 수밖에 없다.

    어쨌든
    기억에서조차 사라지는 게
    사랑이다 보니
    사람들은 무엇인가 쓰기 시작했다

    신전 기둥에 남긴 사랑도
    그저 기록일 뿐이다

    겁내지 말라고
    내가 다 기록해놨다고
    죽어도 죽는 게 아니라고
    남자는 외치지만
    여자는 죽어간다
    신전은 세워지고 있지만 여자는 여전히 죽어간다

    죽어가는 여자보다
    사랑을 잊지 않으려는 남자가
    진화상으론 하수다
                     ―「신전에 날이 저문다」 부분

절묘한 자리에서 허연 시 특유의 "진화"를 목격하게 된다. 우선 신전은 그 자체로 진화라는 말 자체가 낯설어지는 자리이다. 진화는 창조주인 신의 말을 거역하는 "과학자들의 말"이다. 그러니 진화를 따르는 자가 세운 신전은 과학을 신봉하는, 신전 아닌 신전이 아니겠는가. 하물며 신전은 죽은 신을 기리기 위한 곳도, 도래할 신을 맞이하기 위한 곳도 아니다. 신전은 그것이 그곳에 있음으로써 신이 언제라도 현존한다는 것을 증명하는 동시에 가시적인 것에만 믿음을 지속할 수 있는 인간의 불신을 방증하는 자리다. 저 "남자가 세운 신전"은 어떤 의심들이 고여 든 기묘한 자리고, 그 의심을 해소하는 일이 곧 허연 시 특유의 진화를 해명하는 일일 테다.

먼저, 인용된 부분의 바로 위에서 화자는 "영원히 살 수 없으니까 사랑을 하는 거다"라고 말한다. 이것은 사랑을 "기껏 유전자나 남기고자 하는 일"이라고 보는 '과학'의 판단이다. 다음으로, "기억에서조차 사라지는 게/사랑이다 보니" 사람들은 그들의 사랑을 기록하기 시작했다. 이것은 흥미로운 이야기와 유별난 정감을 다양한 방식으로 표현하려는 예술의 욕망에 근거한 '문학'의 일이다. 끝으로, 화자는 그렇게 쓰인 것도 언젠가는 지워질 것이라("언젠가는 벽화도 흐려질 것이다") 말한다. 이것은 궁극에는 사라짐을 목적으로 하는 '시'의 운명이다. 요컨대 사랑을 기록하는 자들이 있고, 그들이 사랑을 기록한 견고한 기둥이 있으며, 끝내는 기둥에 새겨진 기록은 물론 기둥조차도 이 세상에서 삭제되고 말 것이라는 인식이 이 진화의 메커니즘을 보여준다. 이 순서는 과학에서 말하는 진화의 방향에 반한다. 과학에서의 진화는 생물이 더 강건하고 유능해지는 쪽으로 변화함에 우선 주목하기 때문에, 삭제되고 소멸하는 것들에는 비교적 무심할 뿐만 아니라, 무엇보다도 생성의 원리를 따른다.

  소멸의 원리를 따르는 이 진화의 방향은 실상 "과학자들의 말"이 채우지 못하는 과학의 잉여에서 비롯된다. 무엇보다도 남는 자가 죽은 자의 유전자를 이어받는다고 말할 때, 후세에 전해지는 것은 외양과 습관뿐이다. 그러나 죽은 자가 남는 자에게 남겨지는 방식은 오로지 기억에 의해서다. 기억은 유전자에 기록된 개별성을 통해 인간의 죽음과 삶의 보편성을 이해하는 일을 가능하게 한다. 또, 그 일은 대개 과학과는 별개로서 인간의 경험에 닿아 있는 예술 전반에서 일어난다. 그러니 영원히 살 수 없기 때문에 유전자를 남긴다는 과학자들의 말은 유전자의 시공인 내일이 불확실한 자리에서 발생하는 사랑에 대해서는, 그리고 그 사랑이 보여주는 진화의 기미에 대해서는 증명하지 못한다. 가령 "무너져버린 콘크리트 더미 사이에서 고양이들이 짝짓기를 한다"는 진술은 어떠한가. 과학은 호르몬 변화를 들어 무분별한 짝짓기의 원인을 마치 사랑의 원인인 양 설명하겠지만, 가장 사실적인 것은 무엇보다도 폐허 속에 뒤엉켜 있는 두 마리 고양이의 모습 이상일 수 없다.

사랑이 어떤 학문적인 근거를 통해 설명될 수 있는 게 아니라면, 아마도 그것은 철거된 세계 위를 뒹구는 고양이의 몸에서 발견되는 것일지도 모른다. "무거웠던 것들이 모두 누워버린 몰락의 한가운데서" 자기의 "내밀한 서사"를 드러내는 데 몰두하느라 "똑바로 서 있던 벽들의 모습"을 망각하게 되는 순간에 고양이들 역시 몰락의 일부가 된다(「몰락의 아름다움」). 이로써 사랑은 개체와 그를 둘러싼 세계의 온전한 화해와 합일을 언뜻 엿보는 일이 된다.

2

과학의 진화와 시의 진화가 다르고, 시의 진화는 끝없이 몰락하는 아름다움 속으로, 혹은 사랑으로 향한다. 시는 과학의 구분에서 좀더 "하수"의 방향으로 내려앉는 것들에서 발견된다는 것을 허연의 시는 보여준다. 시의 진화는 몰락의 현장을 꿈꾸고, 그 현장에서 벌어지는 짝짓기로 나아간다. 허연의 시에서 이러한 진화를 이야기할 때, 그 방향성에 포함되는 것은 어떤 시간이다. 허연 시의 화자가 진화를 통해 사랑을, 사랑을 통해 진화를 말하면서 암시했던 이 시간은 그야말로 내밀한 서사를 관류하는 시간이다. 반대로 이 시간이 시에 내장되어 있어서 허연의 시가 그토록 특별한 서사를 갖출 수 있던 것이라고도 하겠다.

자기 삶의 마지막을 관찰하는 자들이 초원에 있다. 통증이 심하다는 신호를 가장 믿을 수 있는 암컷에게 보내며 죽어가는 자들이 있다. 누구는 건기가 그를 죽였다고 말하고, 누구는 지난밤 무리에서 일어났던 내분이 그를 죽게 했다고 말한다.

반쯤 뜨개질한 스웨터를 훌훌 풀어버리듯 수십 미터짜리 내장은 색실처럼 풀려 나온다. 색실이 풀려 나오는 걸 보며 그는 등이 아프다고 문자를 보낸다. 등만 아프지 않으면 살 것 같다고, 한 번만 돌아눕게 해달라고. 이 초원에서 신념 따위를 가진 자들은 없다. 돌아눕는 일보다 쉬운 일은 누구도 입에 올리지 않는다.

그가 남긴 복제품들은 오늘도 이 장례 습관에 익숙해진다. 강렬하고 조용한 저녁에 후회란 없다. 초원에서 죽음은 객관적이다. 세상이 몹시 좋았다고 짹짹대는 새들이 북회귀선을 날아간다.
　　　　　—「새들이 북회귀선을 날아간다」 전문

이 시의 "죽어가는 자들"은 몰락의 현장을 떠올리게 한다는 점에서, 폐허의 자리에서 짝짓기를 하던 고양이들과 짝을 이룬다. 죽음과 짝짓기는 과학에서든 문학에서든, 진화의 방향에 상관없이 한쪽 끝에서 다른 쪽 끝으로서 만나고 겹쳐진다. 특이한 것은 이 죽음에 "자기 삶의 마지막을 관찰"하는 시선이 포함된다는 것이다. 이로써 개체의 내밀한 서사기도 한 "죽음은 객관적"인 서사로 마감되면서, 내밀함과 객관이라는 얼핏 보아 상반되는 특성이 허연의 시의 서사에 내장된다. 이 시는 그러한 서로 다른 서사의 특성을 죽음을 관찰하는 화자와 "그"의 시선이 겹쳐지는 것을 통해 형상화하고 있다. 초원에서 죽어가는 자들을 바라보는 '그'와 그의 행동을 바라보는 '화자'는 동일 인물인 것처럼 보이기도 하지만, 누군가에게 "문자"를 보내는 그가 "신호"를 보내는 자와 같은 존재라고 할 만한 근거는 없다. 화자가 본 것은 아마도 큰 상처를 입고 몸 밖으로 풀려나온 자신의 내장을 보며 서서히 죽어가는 동물들일 텐데, 그 동물의 모습에서 범인(凡人)의 죽음을 떠올렸을지도 모른다. 따라서 화자는 자신의 객관적 상관물로서 그를 내세워, 서서히 죽어가는 일을 상기하게 하는 내밀하고도 치명적인 고통을 이야기할 수 있었을 것이다.

이처럼 살아가는 일을 서서히 죽어가는 일로 서사화하는 관점은 삶과 죽음 중 어느 곳에도 치우치지 않는 하나의 객관을 경험하는 일에서 비롯된다. 이 시의 화자가 몸에 내장되었던 것들이 허물어지듯 바깥으로 풀려나오는 것을 보면서, 동시에 삶의 내밀한 서사를 구성하고 시로써 펼쳐 보이는 것에서도 짐작할 수 있듯이, 허연의 시에서 서사는 대개 내밀한 서사로서 객관성 내지는 보편성을 획득한다. 그 형용 모순적인 내밀함은 가령 "스쳐 지나가는/어떤 한 눈빛"(「미이라 2」)에서나, "고전 같은" "아무리 죽여도 다시 살아날 것 같은"(「안달루시아의 무희」) 느낌으로 짐작할 수밖에 없는, 온전히 타자인 것임에도 자신의 내면을 건드리며 자신의 시간에 겹쳐지는 줄 알고 있는 것이다. 이로써 허연의 시에서는 사랑의 감정 같은 내밀하고도 보편적인 서사가 가능해진다.

그러나 사랑이 보편적인 것이 될 때, 그 사랑을 기록했던 애초의 주인은 극심한 실연의 심정에 처하지 않겠는가. 사랑을 나누는 관계에서만 공유되던 시간과 장소가 있을 것인데, 그러한 내밀함들이 모조리 보편적인 서사 속으로 편입되어버리면, 다시 남는 것은 지극히 보편적인 풍경에 어리둥절하게 홀로 놓인 개인일 뿐이다. 그래서 허연 시의 어떤 화자는 "잔해를 남긴 것에 대해 후회한다"고 말한다. 이 단호하고도 절절한 후회는 "다 알면서도" 남겨놓은, 일종의 세상에 대한 미련에서 기인하는데, 때문에 자신이 남긴 것을 보편적인 아픔으로 치부해버린 세상에 반하여 자신의 내밀함을 기록하기 전으로 "돌아가고 싶다"고 여기는 마음이기도 하다. 이별로 한 번, 보편적인 서사화로 다시 한 번, 거듭 세계에서 버림받은 화자는 "감당할 수 없이 두렵고 외로웠"던, "처음 '뼈아프다'는 말을 이해했"던 그 감정을 "절대로 묻히거나 잊히지 않는 일"(「무념무상 2」)

이라고 단언한다. 사랑이란 게 마냥 새것처럼 품고 있을 수 있는 게 아니라 언젠가는 녹슬고 폐기해야 하는 것임을, 그 내밀한 서사가 보편적인 이야기로 거듭나 다시 주인에게 돌아올 때, 짓고 허물었던 일을 통틀어 후회하게 될 때 비로소 겪을 수 있는 감정임을 허연 시의 화자는 이토록 담담하게 이야기해준다.

그러니 허연 시에서 사랑은 배신당할 줄 이미 알면서도 마주하는 것이고, 배신당한 다음에는 태연히 견디는 이야기다. 거꾸로 말해, 이 이야기는 당사자에게 "이미 아무것도 아니어서 쪼갤 수 없는 것들"이거나 "지독해서 측정할 수 없는 것들"(「지독한 슬픔」)이기 때문에 지극히 객관적일 수 있는 내밀함이다. 허연 시의 사랑은 이렇게 하나의 극단으로 가는 길이자 그 극단의 자리다. 허연의 시에서 그 자리는 "마다가스카르"라는 구체적인 지명으로 여러 번 지시되는데, 그러므로 "마다가스카르" 연작은 시인의 사랑에 대한 인식을 압축적으로 보여주는 시편들이라고 할 수도 있을 것이다. 시집에 수록된 순서를 따라서 읽어보자.

별자리가 천천히 회전을 하는 동안
우기가 뼛속까지 스며드는 동안

마다가스카르 항구에선
이해하지 못했던 노래가 가슴을 치고

사랑 하나, 서서히 별똥으로 떨어진다

　　나는 투항했던가
　　감당 안 되는 빗물이 길을 막아버린 오늘
　　나는 마다가스카르에 투항했는가
　　──「나의 마다가스카르 1 ── 세월 하나 지나갔다」 부분

　　어머니가 돌아가신 날 육개장을 퍼먹으며 나는 나의 이중성에 치를 떨거나 하진 않았다. 난 그날 야간비행을 하러 갔다.

　　나의 소혹성에서 그런 날들은 다른 날과 같았다. 난 알고 있었던 것이다. 생은 그저 가끔씩 끔찍하고, 아주 자주 평범하다는 것을.

　　소혹성의 부족들은 부재를 통해 자신의 예외적 가치를 보여준다. 살아남은 부족들은 시간을 기억하는 행위를 통해서만 슬퍼진다. 어머니. 나의 슬픈 마다가스카르.
　　　　　　　　　　　　──「나의 마다가스카르 3」 부분

　　긍정이나 희망이 우리를 배신할 거라는 걸 우리는 이미 알

았다. 마다가스카르에서는 그랬다. 우기가 시작됐고, 목요일이었으므로 우리의 노래는 길고 서글펐다. 백인 몇 명 웃고 있는 철제 광고판에 핏물 같은 녹물이 흘러내렸다.
　　　　　　　　　　　—「나의 마다가스카르 2」 부분

　마다가스카르는 아프리카 남동쪽의 인도양에 있는 섬나라의 지명이다. 그곳은 세계에서 네번째로 큰 섬인데, 그 섬의 특징은 무엇보다도 가장 다양한 생물이 살고 있다는 점일 것이다. 약 8천만 년 전 지각 변동으로 인해 아프리카와 분리된 이 섬은 가장 가까운 육지까지의 거리가 약 400킬로미터에 달하면서 수십만 년 동안 고립되어 있었고, 역시나 바다를 표류하여 그 섬에 도착한 동물과 식물은 수백 년간 인간의 간섭 없이 자연스러운 진화를 겪었다. 그로써 그 섬은 전 세계 생물 20만여 종 중 75퍼센트 정도를 유일하게 보유하는 곳이 되었다. 마다가스카르의 이 같은 특징은 허연 시의 내부로 흘러들어와 여러 가지 의미로 분화하는데, 그중에서 눈에 띄는 것은 그 섬의 고립성을 환기하는 "소혹성"과 같은 시어다. 허연의 시에서 "마다가스카르"는 개인의 극심한 고독을 표상하는 이름이고, 희망도 절망도 아닌 장소를 가리키는 이정표다.
　"사랑 하나"를 잃고 "감당 안 되는" 고독에 투항할 수밖에 없었던 화자가 있다(「나의 마다가스카르 1」). 상실의 경험을 온몸으로 앓았던 이 화자의 정감은 아마도 긴 시간으로 추측되는 어느 "동안"을 지나 마침내 고독에 이르렀을 텐데, 그 모든 시공의 체험이 마다가스카르라는 장소로 수렴됨으로써 이 화자에게 사랑은 실연과 이후의 고독까지 아우르는 "세월"과 다르지 않아 보인다. 사랑과 세월이 같은 서사로 보이는 이유는 "하나"라는 수사에도 있다. 수량을 나타내는 이 수사는 여러 번 반복 가능하지 않은 무엇으로서 '그것'을 수식하면서도, 반대로 무엇이든 '그것'이 되어서 화자에게 돌아올 가능성이 있다는 의미를 갖는다. 그러므로 화자는 결국 '그것'에 투항할 수밖에 없게 되는 것이다. 이러한 '그것'이 과연 무어겠는가. 다른 것으로 대체되지 않고, 또 모든 것으로 번역되는 하나의 사랑이, 하나의 세월이 그러할 것이다.

그러므로 그것은 어떤 생에서 가끔씩, 그리고 자주 "어머니"라는 이름으로 번역되기도 한다("생은 그저 가끔씩 끔찍하고 아주 자주 평범하다는 것을"). 그렇게 유일한 기원이자 모든 시간에 기입된 그 이름을 "나의 슬픈 마다가스카르"라고 부르는 화자가 있다(「나의 마다가스카르 3」). 마더mother를 떠올리게 하는 이 호명은 그 자체로 내밀하고도 보편적인 사랑의 서사를 간직하는 장소다. 아마도 죽음으로써 "부재" 이후에도 남겨진 자의 기억을 통해 계속해서 존재하는("예외적인 가치를 보여준다") 어머니는, 배신을 예감하고서도 그 배신까지를 긍정하고 희망하는 것이 사랑임을 보여주는("마다가스카르에서는 그랬다", 「나의 마다가스카르 2」) 장소의 다른 이름인 것이다.

마다가스카르라는 특이한 지명이나 이 장소에 기입된 시적 서사에서 유추할 수 있는 것은, 이 진화의 궁극은 이 장소를 수식하는 하나의 소유격("나의")이라는 점이다. 온갖 표류하던 것들이 모여들어 저마다의 방식으로 진화하고 공존하는 자리, 그리하여 끝내 어머니나 사랑이나 세월과 같은 유일무이하고 (내밀하고) 모든 것이기도 한 (객관적인) 이름으로도 불리는 곳은 '나'에게 있다는 것이다.

3

특별한 서사를 내장하는, 객관적인 내밀함의 존재 가능성을 보여주는 허연의 시는, 또한 어떤 생을 관찰하며 거기에 기록된 모종의 규칙을 발견해내는 일에서도 그러하다. 허연의 시에 자주 등장하는 소재 중 하나가 "전철"인데 그곳에서 쏟아져 나오는 현대인들의 모습에서 "멀미를 하"고 슬픔을 느끼면서, 화자는 살아가는 일의 규칙을 감내하기 어려워하는 자의 고백을 들려준다. 그런 고백, "난 지하철이 늘 끔찍했다"(「군중」)는 말은 아이러니하게도, 삶 바깥으로 튕겨져 나온 자의 것이지만, 너무나 삶 깊숙이 있어서 삶 쪽으로 나와야 하는 자의 것이기도 하다.

아침마다 빨랫줄에 앉아 울고 가는 까마귀가 있었고, 마름모꼴로 생긴 방이었다. 어느 계절이었다. 세상에 나갈지 말지를 고민했다. 방에서 나오면 철제 계단이 있었다. 철제 계단을 감당하면 그다음 골목들과 간판들과 주택들. 이런 것들을 감당해야 했다.
　　　　　　　　　　　　──「어떤 방의 전설」 부분

　이 시의 화자는 무슨 일로 "마름모꼴로 생긴 방"에서 "어느 계절"을 보냈을 것이다. 이 시에 내장된 서사는 방이라는 장소와 계절이라는 시간을 하나의 "전설"로 구성한다. 인용되지 않은 시의 나머지 부분을 통해 추측하자면, 그 전설은 개인이 감당하기에 벅찬 것이라 제대로 맞서지도 못하고 좌절한 이야기다. 대개의 전설은 역경에 처한 인물이 어떤 고난에도 좌절하지 않고 끝내 목적을 달성하는 구조를 갖는 서사인데 반해, 이 시의 전설은 고민하다가 "번번이 포기"하는 화자가 끝내 도피하고 은신했다고("새로 만들어진 것을 피해 내가 살았다") 끝맺는 서사다. 전설의 역설을 통해서 짐작할 수 있는 이 시(서사)의 핵심은, 세상 바깥에 있는 동시에 세상 안에 놓인 화자의 곤경이다. 이 화자는 지독한 규칙성을 특징으로 삼아 그 자체로 하나의 거대한 규칙인 세상을 피해서 스스로 고립되기를 자처하지만, 그 방("마름모꼴로 생긴 방")이 곧 화자가 피하려 했던 세상과 다르지 않다는 것("방에는 주술과 같은 연속무늬가 있었다")을 이 시는 보여준다.

　허연의 시에서 이처럼 '너무' 깊숙한 삶에 놓인 자는 자신의 근원에 대한 집요한 상상력을 발휘하기도 한다. 스스로 "빗살무늬 속으로 걸어 들어가"서 "빗살이 가늘게 찢어놓은 세상에/내가 있다"고 말하며 한 세월의 슬픔을 감당하기를("빗살처럼 가느다란 홈집들이/비명 소리를 내며/세월을 참아낸다") 자처하는 화자는, 또한 슬픈 흔적들이 새겨진 그 세월을 거슬러보려는 상상을 시도한다("토기를 뒤집으면 흐르는 눈물", 「빗살무늬토기에서 흐르는 눈물」). 이 상상은 자주 "상상력 밖에 있는" 것, 혹은 "땅속으로 들어간"(「뭉크의 돼지」) 것을 노리기도 한다. 가령 이 시집에서 볼 수 있는 "미이라" 연작은 지상에서 사라져 "살아 있던 것에 대한/어떤 기억도/남아 있지 않"은 존재에 대한 허연 시 화자들의 애착을 보여주면서, 삶을 "무기력하게 좌표 평면으로 걸어 들어가"(「사라져가는 것들을 위한 나라는 없다」)는 것으로 보는 입장과 짝패를 이룬다. 살아 있음에도 살아 있는 것에 대한 기억을 남기지 않으려는 듯, 일상을 기계적으로 무기력하게 반복하는 현대인의 삶을 비관하는 태도에서 볼 수 있듯이 허연 시의 화자는 차라리 홈집이라도 새겨진, 세계와 불화하는 기억을 갈구하는 듯하다. 이처럼 삶을 '너무' 오래 관찰한 이 화자들은 어느 시대에서든 개인의 생은 보편의 삶이 요구하는 규칙에 매끈하게 적응하기란 거의 불가능하다는 것을, 모든 생에는 부적응의 흠집이 새겨지기 마련이라는 것을 이미 알고 있다. 그리고 이런 이야기들은 풍문으로 전해진다. 풍문은 삶에 대한 집요함을 엿보게 하는 무엇이다.

마을에 바람이 심하다는 건, 또 한 명이 죽었다는 소식이다. 밀밭의 밀대들이 물결처럼 일렁거렸다는 뜻이기도 하고, 언덕 위 백 년 넘은 나무 하나가 흔들리는 밀밭을 쳐다봤다는 뜻이기도 하다. 또 아이 하나가 태어났다는 뜻이기도 하다. 어김없는 일이기도 하고 아무렇지도 않은 일이기도 하다.
——「바람의 배경」 부분

물리적으로 바람은 기압의 차에 의한 대기의 이동이지만, 그것이 인간의 내부로 들어왔을 때에는 어떤 예감에 기인하는 것이 된다. 바람은 밀밭을 일렁이게 하면서 마을 사람들을 술렁이게 한다. 확인할 수는 없지만 용인되는 신념 같은 것이 바람에 실려 온다. 예로부터 바람은 기후를 예측하는 자료이기도 했지만, 인간사의 세부에 대한 징조기도 했다. 징조로서의 바람은 구체적인 사실 아래 그 사실에 반하는 임의적인 해석을 거느리기 일쑤였다. 나쁜 꿈을 꾸면 좋은 일이 있을 것이라는 믿음처럼, 그것은 고단한 삶을 견디기 위해 발명해낸 특별한 이야기인 것이다. 그리고 켜켜이 쌓인 삶의 경험들에서 출력된 그 이야기의 동력이 바람에 있다는 말이다.

그러한 풍문에서는 무엇보다도 죽음과 탄생에 방점이 찍힌다. 누군가 태어나고 죽었다는 한 생의 소식이 바람에 실려서 다른 생으로 전달되고 거듭 전달되면서, 이야기는 풍성해지고 서사는 지속된다. 그런 점에서 부고(訃告)는 풍문의 대표격이라 하겠다. 부고를 고하는 자는 이미 아무것도 고할 수 없는 처지에 놓여 있다. 스스로 전할 수 없고, 바람의 힘을 빌릴 수밖에 없는 이야기가 모두 부고다. 그런 점에서 부고는 생과 사의 소식을 동시에 전하는, 저 시의 소식과 같다. 저 소식이 마을에 불어와서 이러저러한 뜻으로 전해지는 일이 바람이 불어와 나무를 흔드는 일처럼 자연스럽게 여겨질 때("어김없는 일이기도 하고 아무렇지도 않은 일이기도 하다") 죽음까지도 바람을 맞듯이 태연하고도 무심하게 여기는 화자의 태도를 짐작할 수 있다. 그렇게 허연 시의 화자는 "죽음에 익숙허졌다"는 말을 "삶에 익숙해지고 있었다"(「건기(乾期) 2」)는 말로 되돌릴 줄 안다.

 이미 항상 주위를 장악하고 있는 자연의 섭리를, 바람을 "죽음의 배경"(「바람의 배경」)으로 여기는 태도는 삶과 죽음을 이분하지 않고, 삶의 매 순간 죽음을 예감하는 자의 것이다. 이러한 삶 혹은 죽음에 대한 태도는 죽은 자의 이야기(부고)를 남겨진 자들에게 삶을 보여주는 소식으로 곧이듣게 한다. 죽음으로써 삶을 보여준다는 아이러니는 허연의 시에 역시 자주 등장하는 "연대기"라는 단어 속에 기입되어 있다. 부고를, 죽어가는 몸이 남기는 것을 "가계도의 한 칸을 적는"(「늦은 부고 2」) 일로 바라보는 시선은 지인을 땅에 묻어본 경험을 바탕으로 "존재했던 건 전부/ 결국에는/지층이라는 걸 알았다"며 폐광의 "구멍" 속에서 싸움과 사랑과 밥으로 새겨진 "복잡한 연대기"(「폐광」)를 읽는 시선은 서로 다르지 않다. 그것은 가령 어제까지만 해도 멀쩡하던 식당에 불이 나서, 오늘 그 식당을 찾아간 화자가 "불탄 식당의 앞에서 소멸의 마지막 장을 들춰봤다"는 느낌을 겪는 그 한순간에 쓰이는 식당의 역사와 같을 것이다("역시 무언가의 잔해는 단칼에 쓰여진 연대기다"). 무엇의 근원과 탄생과 성장과 생존의 과정을 일일이 나열하지 않더라도, 또 기억하지 못하더라도 맨 마지막 장면은 그 무엇의 역사를 단번에 기록해버린다. 죽음이 남기는 것, 모두 타버린 후에도 타지 않고 남은 식당의 "문틀" 같은 것이 궁극에는 "괜찮았던"(「다큐멘터리를 보다」) 삶을 기억하고 증언하는 것이다. 그러니 죽음을 알리며 죽음이 남기는 말이 되는 부고는, 그 자체로 연대기이고 연대기를 쓰는 일로써 새로운 세계의 탄생을 야기한다는 점에서 한 편의 시이다. 이렇게 시인은 부고로서 쓰이는 시를 보여준다.

4

 허연의 시에서 부고는 죽음을 과거형으로 박제하는 말이 아니라, 서서히 죽어가는 일의 소식이라는 점을 상기하자. 따라서 부고로서 쓰이는 시는 죽어가는 일에 대한 시며, 그렇기 때문에 생생한 삶에 대한 시고, 궁극에는 미지를 탐구하는 시이기도 하다. 시인은 이 미지의 자리를 어떤 극단("끝")으로 표현하기도 한다. 그래서 "끝까지 가지 못했"기 때문에, 혹은 쓰지 않을 "적절한 이유를 찾지 못했"(「Cold Case」)기 때문에 시를 쓴다는 의기소침해 보이는 시인의 고백은 삶과 죽음이 맞닿은 미지의 자리를 여전히 탐구하는 중이라는 의기양양한 포부로도 읽힌다.
 시인은 어쩌면 "절명시"를 쓰려는 것인지도 모른다. 절명시를 쓴다는 것은 스스로 자기의 부고를 전하는 일이자, 온몸으로 시를 쓰는 일이고, 자신이 무엇을 어떻게 쓴 줄도 모르는 일이다. 그리하여 완벽하고 온전하게 한 세계에서, 이전(근원)과 이후(자기의 "복제품")로부터 철저히 버려지는 일이 절명시를 쓰는 일이라고 하겠다.

  그가 죽었다. 아내와 아이는 그의 죽음 곁을 한 3일 맴돌았다. 그리고는 무리를 따라 소금 호수 위로 난 길을 따라 떠났다.

〔……〕

　그는 버려졌다. 그의 뼈는 소금 호수 위에 절명시로 남았다.
　기다리던 우기는 올해도 오지 않았다.
　　　　　　　　　　　　──「다큐멘터리를 보다 2」 부분

　이렇게 "그가 죽었다"는 부고는 "그는 버려졌다"는 절명시로 대체된다. 두 문장에서 '그'에게 붙은 주격 조사의 변화는 죽음의 주체가 버려지는 대상이 되는 과정을 단숨에 보여준다. 즉 그는 스스로 죽어서 스스로 버려졌다고 하겠다. 중요한 것은 죽음을 통해 남겨진 것, 죽음의 결과가 죽음을 당한 주체라는 데 있다. 죽음은 뼈로 남아 죽음 자신의 부고를 전하는 중이다. 유골이 지표에 펼쳐진 한 편의 절명시라면 그 시는 또한 한 편의 유서기도 하겠다.
　애초에 서사는 삶/죽음을 객관화하는 관찰에서, 존재하는 것들이 영원히 남겨지길 바라는 마음에서 쓰인 편지가 아니겠는가. 절명시와 마찬가지로, 편지는 말로 (전)하지 못하는 말이다. 쓰는 자가 직접 하는 이야기가 아니라, 자신의 이야기를 풍문처럼 전하는 말이다. 이렇게 전해지는 모든 편지는 (죽어서) 입이 없기에 유서고, (사랑해서) 말로는 부족하기 때문에 연서다. 이렇게라도 전해야 하는 말이 있기 때문에, 말로써 전할 수밖에 없는 게 있기 때문에 무엇이 사라진 이후에도 남는 게 있고, 그것은 때로 편지의 형식을 갖는다.

허연 시의 화자는 그렇게 남는 것들, 남음으로써 스스로 증언이 되는 것들을 애틋하게 여긴다. "낡은 목선에 켜켜이 붙어 있는 페인트의 두께에서 어떤 절지동물 사체들이 묻혀 있는 굴곡"을 보고 그 "사체의 세월이 나의 노래이기를"(「덧칠」) 바라는 이 마음은 지독하게 짠하다. 이 마음은 늦겨울에 짚이 다 타버리고 남은 잿더미에서, "알맹이 다 털어내고 껍데기만 남은 것들"에서 "타닥타닥 뼈 소리" 같은 것을 듣기도 한다. "깔끔하게 털지 못하는 그 무엇. 질척거리는 헛소리 같은 게 있다"는 것을. 그리고 그 무엇이야말로 살아 있었던 것들을 증언하는 편지라는 것을 허연의 시는 집요하게 말하고 있다.

그렇게 살아남아 있는 것들을 보며 "인생에는 지리멸렬한 요소가 있다"(「지리멸렬」)고, 그 와중에 "사랑은 하필 지긋지긋한 날들 중에 찾아온다"(「천국은 없다」)고 말하면서도 새로운 지긋지긋함을 기다리는 허연 시의 화자는, 생의 부조리함을 정면으로 노려보는 중이다. 천사를 기다리면서도 천사에게 실망할 준비를 하는 화자의 모습은 마치 무수히 새로운 일들에 둘러싸여 살고 있지만 놀라지 않는 일에 익숙해진, 무감하고 무기력해진 일상을 닮아 있다. 천사가 상상할 수 있는 가장 선하고 아름다운 존재라면,

허연 시의 화자는 그런 존재를 믿는다. 다만 낭패와 실수로 점철된 일상 속에서 마찬가지의 일상을 살아가는 다른 생들을 애달프게 바라볼 수 있는 어떤 시선에서만 허연 시의 화자는 천사를 상상한다. 어쩌면 천사는 우리가 상상하는 천사를 가장 닮지 않은 모습으로 올 것이라는 그 안타까운 상상이, 그러나 어쩐지 위로가 된다. 이처럼 허연의 시는 완벽한 희망이란 어디에도 없다는 것을 보여주면서 천국은 없다고 말하지만, 그 실망과 절망이라는 희망의 흠집을 통해서 희망을 기억하고 증언해줄 자들은 있다고 기대한다. 서서히 죽어가면서 한생을 반증하는 몸뚱어리처럼, 허연의 시편들은 기꺼이 낱낱의 부고가 되어 이미 없는 시간과 존재들이 어떻게 이토록 생생하게 기억되는지를 증언한다. 허연의 시는 선명한 이미지를 믿지 않고, 스스로 풍문에 실려 가는 이야기가 되기를 기다린다. 아버지가 비닐에 싸온 빛바랜 결혼사진처럼, 쓸쓸하고 허망해 보일지라도 희망을 예감케 하는 바람이 고여 있는 오래된 풍경처럼, 허연의 시는 천년의 이야기를 단숨에 들려주는 별똥별인 듯 사라지는 순간에도 눈부시다.